HUIT ESSAIS VERS LA LUMIÈRE

La raison ou le semi-capitalisme

HUIT ESSAIS VERS LA LUMIÈRE

La raison ou le semi-capitalisme

Milan Lévêque

Édition : BoD · Books on Demand, 31 avenue Saint-Rémy, 57600 Forbach, bod@bod.fr
Impression : Libri Plureos GmbH, Friedensallee 273, 22763 Hambourg (Allemagne)

Photo : Milan Lévêque

ISBN : **978-2-3220-9943-6**
Dépôt légal : Juin 2019

Table des matières

PROLOGUE:

Il parait indéniable qu'aujourd'hui le capitalisme, maître mot de la raison et du modèle occidental, ne fonctionne plus, tellement il a été efficace pour ceux qui ont su jouer avec. Mais, au détriment des pays du tiers monde, il est devenu comme un lance-pierre rejetant toutes personnes identifiées comme non intéressantes par le système et même au sein des pays développés, car elles ne sont pas utiles au système considérant leurs revenus comme quasiment nuls. Et que le communisme n'en a été qu'une preuve de folie encore plus grande. Alors pourquoi ne pas rêver, d'une trêve, d'un état de grâce entre raison et folie, tel un air de bossa nova à la fois nostalgique du passé mais heureux du présent tel que ce fameux semi-capitalisme.

Chapitre 1 : L'origine de la vie

Pour expliquer l'origine de la vie, je partirai d'un schéma très simple : imaginons que Dieu soit la cellule originelle, donc qui dit cellule dit cercle, et qui dit cercle dit une image qui ressemble à zéro. Mais en maths ou en informatique, on dit aussi zéro égal un tout, comme dans le calendrier Judéo Chrétien qu'on utilise aujourd'hui. Cette cellule est pour moi comme un œuf qui donne naissance à plusieurs œufs, mais pour que ceux-ci même voient le jour, il faut de l'espace, c'est à dire un cercle tel que zéro qui était le néant et est aujourd'hui l'infini avant d'aller encore plus vers un infini plus grandissant jusqu'à l'éternité où il y aura encore un infini plus grand tel qu'on l'explique bien en maths.

Et ainsi cette cellule originelle a la capacité intrinsèque de multiplication cellulaire par principe de division ne la faisant pas forcément rétrécir, car après, la division cellulaire reprend sa taille originelle ou voire même grandit, comme quand on coupe la queue d'un lézard, elle repousse. Mais pour finir, je vais plutôt utiliser

l'image de certains serpents ayant la capacité de se reproduire. Voilà pour moi l'origine de la vie :

une cellule ayant intrinsèquement une capacité de division ou multiplication cellulaire.

 La vie continuera jusqu'à l'éternité, car c'est du néant qu'elle a été créée, tel un vase où à chaque tirage de loto sort une boule ou une cellule qui attend sa pile pour s'allumer, tel un spermatozoïde donne le courant à une entité déjà présente dans le corps de la femme ou la première respiration d'oxygène d'un enfant qui vient de naître. Ovule ou cellule originelle, c'est bien parce qu'à la base il n'y en avait seulement qu'une qu'aujourd'hui et demain il y en aura une éternité et que la vie sur terre ou ailleurs n'a pas fini d'exister.

L'origine de la vie, c'est comme un gaz qui est apparu puis ensuite, tellement le sens de gravité l'a fait ricocher dans le vide, le faisant s'accélérer et donc par mouvement de balancier en a créé de la matière, tout comme on bat rapidement la pâte pour en faire un gâteau. Et si l'on philosophe un peu plus, on remarque que c'est lorsqu'on est dans le flou ou le vide qu'on trouve un sens aux choses .

Car il est vrai que c'est souvent dans le vide qu'on trouve nos solutions ou le sens de notre vie tout en étant dans un état de méditation, c'est-à-dire un certain vide de nos pulsions qui pourrait à contrario nous envoyer dans tous les sens et nous faire perdre le sens de notre existence, mais nous remet toujours dans les rails face à notre condition d'Homme, qui est avant tout d'être heureux même si le chemin s'avère parfois épineux. Le moindre des malheurs de notre conscience pour la plupart d'entre nous est de faire le moindre mal à but premier de ne pas être en tort, peine ou malheur avec autrui afin de servir notre propre bonheur, même si cela se révèle un peu égoïste contrairement à la pure compassion, mais ceci a aussi une explication biologique plus que biblique, qui est que, pour que l'écosystème se porte bien, il faut que ses attributs arrivent à bien coopérer voir à bien se développer.

Chapitre 2 : L'origine de l'interaction entre être humain, le troc devenul'offre et la demande

J'aborderai ce chapitre d'une manière darwiniste, puis ensuite de manière religieuse, et ce sera à vous, lecteurs de choisir votre point de vue, car je suis très attaché à ce proverbe qui dit: « Il n'y a pas une vérité mais des vérités ».

Depuis la naissance de l'Homme préhistorique jusqu'à aujourd'hui, l'homme a toujours fonctionné par intérêt, que ce soit pour ses besoins primordiaux ou matérialistes, comme on le voit dans notre société actuelle. C'est un peu l'histoire de la carotte et de l'âne. Si l'âne ne veut pas de la carotte, cette carotte ne servirait à rien. Donc c'est bien la demande de l'âne voulant cette carotte qui donne de la valeur à la carotte. C'est donc bien la demande qui fait l'offre. Et c'est comme cela depuis l'âge préhistorique.

L'homme des cavernes avait bien compris qu'il était plus censé de manger du gibier que de s'entretuer surtout quand on a des aspects physionomiques réciproques et qu'il paraîtrait donc plus comme un suicide de s'entre tuer entre être humain que de tuer des animaux.

Après mure réflexion, il me semble deviner que le premier schéma représentant le troc et la communication chez l'homme fut les dessins de gibier dessinés dans les grottes de Lascaux. On pourrait même s'imaginer que pour avoir accès à la grotte et être protégé de la nature, il y ait un rite initiatique de rapporter du gibier comme tel est le cas aujourd'hui où l'on s'habille de la même manière que le groupe social que l'on veut rejoindre.

 Depuis de longues années, il existe une guerre entre Libéraux et Keynésien sur le statut, c'est-à-dire l'ordre dans lequel on appelle ses deux fonctions : l'offre et la demande.

C'est ici que j'ai envie de vous envoyer ma pierre triangulaire, car effectivement il s'agit d'une tripartie. Il n'y a pas que l'offre et la demande en jeu, mais il y a aussi la volonté. On pourra vous présenter n'importe quels biens de consommation, ils n'auront aucune valeur si vous n'y portez aucun intérêt. C'est comme dans cette mythique histoire d'Adam et Eve, car si Eve n'avait pas voulu de la pomme, elle n'aurait eu aucune valeur. Donc on pourra même se demander si Eve n'est pas une déesse de ce monde, car en mangeant cette pomme, elle a goûté au plaisir de la fécondité, tout comme la nature en est faite. Alors on pourrait trouver cela rédhibitoire. Mais Dieu n'a-t-il pas péché lui aussi en créant Adam puis Eve à partir d'une côte d'Adam pour qu'il ne s'ennuie pas. Mais, même à deux, au bout d'un moment, il se serait ennuyé et il faut donc remercier Eve aujourd'hui car c'est grâce à elle finalement que nous sommes ici présents à condition bien sûr qu'elle ait existé.

Pour boucler la boucle de l'offre et de la demande, certain pourrait dire que c'est l'entreprise qui créer le besoin, donc que ce serait l'offre qui créerait la demande, mais je leur répondrai juste que c'est la demande de gain de l'entreprise qui crée son offre et que donc : on est toujours dans le même schéma : c'est la demande qui fait l'offre.

Maintenant pour revenir au niveau darwiniste, l'homme a trois instincts principaux : l'alimentation, la survie face au danger et la procréation.

Avec l'exemple du gibier et des cavernes, nous avons répondu aux deux premiers besoin l'alimentation et l'habitat.

Qu'en est-il du troisième : la procréation, à l'heure nous vivons dans un monde où l'homme en tant que mâle domine encore le monde du travail et que dans beaucoup de familles, il travaille pendant que la femme s'occupe de l'éducation des enfants.

D'un point de vue biologique, c'est plutôt logique, car les femmes nourrissent leurs bébés avec le lait maternel bien après la naissance.

Pour ramener ceci à l'offre et la demande, c'est bien à la demande de la femme et du nourrisson que l'homme offre son travail.

Mais pour aller encore plus loin dans le simple plaisir de la reproduction, c'est bien à la demande de la femme que l'homme offre du plaisir à la femme car pour tout homme normalement constitué, une femme qui n'est pas en demande de plaisir et qui n'est pas prête à en recevoir ne représente pour l'homme aucune excitation du moins c'est mon cas.

<u>Chapitre 3 :</u> Clergé, seigneurs, noblesse et tiers état. Le savoir entre les mains des plus puissants.

Même s'il est important de garder un œil critique sur le système actuel il faut tout de même dire qu'il y a eu du progrès depuis le Moyen Âge où les paysans étaient les véritables esclaves à la fois du Clergé et de leurs Seigneur et où 90% de la population était illettrée. De plus, il n'existait pas d'ascenseur social comme maintenant et ni d'accès aux soins tel que la sécurité sociale et la CMU à l'heure actuelle. Les plus pauvres à l'époque étaient majoritaires et sont aujourd'hui minoritaires heureusement en Europe du moins. Les paysans se faisaient réclamer la dîme en plus de l'impôt et leurs récoltes servaient pour une majeure partie à l'enrichissement de leurs seigneurs vivant dans de véritables châteaux tandis que les paysans dormaient dans des cabanes de fortune, comme c'est encore le cas au Brésil et dans d'autres pays, en moins pire quand même, car à l'époque la foule ne rêvait que d'une chose contextuellement à sa condition de vie : voir du sang couler et des exécutions publiques.

Depuis la plus ancienne des civilisations que l'on connaisse, c'est-à-dire les mayas, la connaissance a toujours transcendé l'homme. Mais malgré cela, elle n'a pas toujours été partagée et est souvent restée dans les mains des plus puissants.

Alors pourquoi ? Car la connaissance est la clef du pouvoir et le peuple est parfois docile à ne pas le connaître afin d'être garant d'une certaine stabilité.

pourquoi les mayas offraient-ils des offrandes à leur Dieu ? ou pourquoi les paysans du moyen-âge acceptaient-ils de travailler pour un salaire médiocre ? c'est qu'ils étaient protégés de leur croyance envers la fin des temps ou de mauvaises récoltes ou encore des démons grâce à leurs sacrifices. Au moyen-âge, les rois étaient pour le peuple des descendants de Dieu et en travaillant pour eux, ils s'acquittaient de leur pénitence.

Mais ce que l'on peut retenir du savoir, c'est qu'il est le garant du pouvoir et de la paix.

<u>Chapitre 4 :</u> Libéralisation du savoir, autonomisation de la société, francs maçons et révolution

Je tiens à faire une citation qu'un dénommé Serguei m'a dite un jour: « Mettez 8 hommes sur une île déserte, au bout de dix ans, il y a une religion qui se crée pour essayer de comprendre tout ce qu'ils n'arrivent pas comprendre»

La transmission du savoir depuis l'époque où l'école est devenue obligatoire, c'est-à-dire sous Charlemagne, a fait ses preuves. Mais, si on réfléchit bien, le savoir et l'éducation avaient avant tout pour objectif de former de bons soldats ou de bons messagers afin de servir l'intérêt de la nation et de conquérir toujours plus de territoires tels qu'à l'époque de Roland ou de Louis XIV à Versailles.

Mais, quand les premiers médecins apparurent, on se rendit compte que savoir et religion n'allaient pas toujours de paire. Certains médecins ou savants comme Galilée ont été guillotinés, car on les considérait comme des truands. La société a mis beaucoup de temps avant de reconnaître ces savants comme moteurs de la société.

Et ce sont ces mêmes savants, cette fois plutôt littéraires, qui ont conduit à la révolution de 1789 et qui étaient à l'époque contraints d'agir dans des sociétés secrètes tels que les Francs Maçons afin de ne pas se faire guillotiner.

Ce qui nous amène à notre prochain chapitre, à savoir celui où l'homme devient un être de droit et de devoir compliquant les interactions entre humains.

Chapitre 5 : Libéralisation de la société et individualisme donnant une popularisation de la société, la loi du plus fort et la propagande nazie puis le conflit Israélo-palestinien

La déclaration des droits de l'homme et du citoyen a, certes, protégé les hommes dans leurs droits inaliénables, mais elle a aussi ajouté une contrainte à l'homme moderne. C'est-à-dire l'obligation de connaître la loi afin de ne pas l'enfreindre. Comme elle compliqua le rapport entre être humains, car ceux qui connaissaient parfois bien la loi pouvaient en abuser grandement à des fins personnelles ou idéologiques, comme on l'a vu avec l'expérience du nazisme arrivé au pouvoir par les règles du droit.

Alors si, comme le disait Hegel : «L'Homme est un loup pour l'homme » le droit international n'a pas cessé de s'actualiser.

Pour reprendre l'exemple du loup. Pourquoi se tirer entre les pattes quand on peut les faire marcher ensemble ? alors c'est peut-être ici que l'on viendra se joindre à la théorie du plus fort ou plutôt du plus égalitaire qui n'est pas forcément celui de la raison.

Chaque nation a ses forces et on considère sept civilisations prioritaires : L'Amérique du Nord, l'Amérique du Sud, l'Europe, la Scandinavie, l'Afrique, l'Asie et L'Océanie. Plutôt que de se faire la guerre après la seconde guerre mondiale, ces civilisations pour la plupart ont décidé de marcher ensemble en instaurant un système économique de libre échange, ce qu'on appelle marché économique. Évidemment, il paraît plus intelligent de partager ces ressources entres sa propre meute plutôt que de les antassé inutillement. C'est ce que l'on appelle en science économique la macro et la micro-économie. Mais alors pourquoi il y-a-t-il des laissés pour compte ? Parceque tous n'ont pas choisi le même chemin. Pourquoi ? A cause de la raison du plus fort qui comme tout système inclut un classement.

Voilà pourquoi la Russie: seconde au classement des grandes puissance a décider d'inverssé les règles du système et d'arrivé première dans son propre classement où elle a inversé les règles du jeu. Tout cela dans l'objectif de ne pas perdre au jeu de la conquète du pouvoir.

Mais nous verrons cela au prochain châpitre.

Pour continuer sur la géopolitique, je souhaite vous parler du problème israélo-palestinien. Le problème d'Israël est qu'une religion n'est pas un pays. Et que l'OTAN ou l'ONU ont commis une grave erreur en voulant leur donner une terre qui appartenait déjà à un pays sans l'acheter, c'est-à-dire qu'elle n'était pas à vendre. Et le problème encore plus profond est que c'est une organisation non gouvernementale qui a donné cet ordre-là. Comment pouvons nous laisser des personnes qui n'ont pas assez de recul et de pouvoir légitime de gouvernance donner des ordres à un pays et ainsi lui faire accepté une situation alos qu'ils n'ont pas de légitimité éléctoral, mondiale où religieuse et qu'à l'époque ils ne représentaient que l'Occident. Car la seule demande du peuple juif était juste d'avoir une terre où ils ne seraient pas persécutés et ce qui a été tout le contraire en imposant Israël sur la Terre Sainte qui désormais appartenait aux palestiniens qui pour eux aussi était une terre Sainte. Alors l'erreur fatale fut donc, par la cause de l'OTAN, d'envoyer en guerre le nouveau peuple juif et l'OTAN contre les Palestiniens.

Voilà pourquoi j'ai essayé de trouver une solution à ce problème. Si le peuple juif voulait uniquement une terre où il ne serait pas persécuté, pourquoi ne rentrerait-il pas en négociation avec un pays de grande superficie comme le Brésil par exemple. Et ainsi acheter une partie de son territoire ce qui serait beaucoup plus réglementaire. Plutôt que d'imposer leur présence en Palestine où ils pourraient vendre a un prix correct leur maisons aux Palestiniens ou à l'ONU et ils achèteraient un territoire où il y a suffisamment de place pour tous y habiter sans déranger les anciens habitants qui auront alors une double nationalitée israélienne et brésilienne. Ce qui permettrait de remettre en cause le fait qu'un pays n'est pas l'apanache d'une religion et ainsi de savoir partager.

Chapitre 6

Communisme et corruption

Le communisme est un système d'aliénation à la bureaucratie et à ces responsables qui coupent toutes libertés par un travail donné et non pas choisi. Système où l'ascenseur social n'existe pas et les plus méritants ne sont pas reconnus sous le principe d'égalité alors que nous sommes tous égaux en droit mais différents en personnalité ou facultés. Ce qui fait nos richesses c'est justement nos différences. Ce que le communisme à tendance à restreindre. Mais même si on fait

abstraction de tout ça, le communisme amène, comme on a pu le voir dans le passé, à un déficit budgétaire énorme, laissant seulement place aux grosses productions et n'en laissant aucune aux petites denrées alimentaires rares et bonne pas assez rentables face à la production de masse. Ce qui remet en question nos produits du terroirs trop complexes pour la

machine communiste.

De plus, l'autre folie du communisme qui prend sa base sur le troc, est que si j'ai un bœuf vivant et que je veux acheter un poulet vivant comment faire pour échanger mon bœuf vivant contre une poule vivante ?. Ils n'ont pas la même valeur et je ne vais pas couper mon bœuf en pièces sachant que mon intermédiaire le veut vivant.

Voilà pourquoi l'argent a été créé.

<u>Chapitre 7 :</u> Capitalisme garant des libertés de chacun permettant à tous de réussir à condition d'accepter le système

Le capitalisme, contrairement à ce que beaucoup de personne pensent, permet à tous de réussir car : combien y a-t-il de millionnaires sur terre ? une infinité et beaucoup d'entre eux n'ont pas de diplômes donc exit la politique. Il n'est pas forcément obligé d'avoir fait des études pour s'enrichir. J'en passe les footballeurs, acteurs ou encore rappeurs. Il est vrai que les politiciens nous plongent quelque fois dans une société oligarchique où il y a des castes à franchir avant la réussite, mais le pouvoir étant au peuple, un système D s'est mis en place et a permis à beaucoup de gens sans diplôme mais avec une volonté de réussir de réussir tel que les autodidactes, chanteurs ou encore actrices ou acteurs.

De mon point de vue, contrairement à ce que de nombreuses personnes pensent, les illuminatis ne sont pas un complot pour le pouvoir de certains (je vous rassure tout de suite je n'en fais pas partie).
Mais à l'inverse,pour le pouvoir au peuple, car comme le symbole de triangle en forme de pyramide qui les représente : c'est la base qui permet de soutenir la pyramide, c'est donc le peuple qui représente l'espoir et est partie prenante de l'évolution de la société que certain

juge bon ou non de libéraliser afin d'éviter l'anarchie, la tyrannie et j'en passe.

Voilà pourquoi je me sens citoyen du monde et assume rêver d'un monde fédéral où l'on pourrait voyager partout avec une simple carte d'identité et ne plus faire face au nationalisme grandissant n'amenant que la haine des uns et des autres ainsi que la guerre, alors que si les citoyens pouvaient se rendre partout où ils voulaient, ils n'auraient aucune raison de se faire la guerre et d'autant moins pour un territoire.

Qu'il y-a-t-il de mal à ce qu'il y ait des dirigeants ? Ces eux même par leur prise de recul qui empêchent les émeutes et les catastrophes. Après qu'ils ne soient pas tous compétents, je le conçois, mais c'est pour ça qu'il y a un cercle autour du triangle permettant que le pouvoir tourne.

Chapitre 8 : la raison ou le semi capitalisme(la sécurité soliale alimentaire.)

Quelque fois la logique prime sur la raison, mais on n'y pense pas tellement cela parait simpliste ou évident. Voici pourquoi je vous présente ma solution au problème de la société actuelle avec un système pas si compliqué que ça, qui est l'intermédiaire entre capitalisme et communisme : le semi-capitalisme. Qui serait régi par des règles telles que la sécurité sociale alimentaire privée.

Et pourquoi privée ? car si elle ne l'était pas, elle serait vue comme du laxisme de la part de l'Etat.

Comme Coluche l'espérait, les restaurants du cœur vont peut-être grâce à cette solution appartenir au passé. Il est intolérable qu'au 21ème siècle, nos choix en matière d'alimentation soient fonction de notre portefeuille pour la majorité de la classe moyenne, avec la malbouffe dont on meurt plus aujourd'hui que de la famine et qu'aussi, à côté de ça, des milliers de personne en précarité alimentaire aillent même jusqu'à faire les poubelles pour se nourrir.

Et pourquoi pas inventer un tiers payant de l'alimentation financé par l'investissement ou plutôt une sorte de placement en nature des restaurants et commerçants alimentaires ?

Si on distribue des points alimentaires de restauration à la population, les individus seront amenés à les utiliser, mais comme les points ont une faible valeur sur les produits haut de gamme et coûteront beaucoup de points et peuvent éventuellement être compensés par de l'argent. Le minimum alimentaire couvert par les bénéfices des produits haute gammes servira à financer les produits bas de gammes.

Afin de rentabiliser la carte, la sécurité sociale alimentaire privée taxera de quatre septième les points alimentaires, afin de fonctionner puis de s'autofinancer, ce qui n'est pas très grave car les restaurants et commerces d'alimentations partenaires verront leur fréquentation augmenter du fait qu'ils soient partenaires. De plus, ils pourraient être inscrits dans des guides à cet effet là.

L'intérêt pour les restaurants et commerces d'alimentation est que ce système pousse à la consommation et que, bien sûr, que le client qui a de plus fort revenus va être amené à consommer des produits haute de gamme tout comme au-paravent mais ce qui n'empêchera pas l'individu dans le désarroi de pouvoir s'acheter des pâtes en utilisant ses points.

Ainsi pour une belle viande rouge, le consommateur pourra payer le tiers avec ces points et le reste en argent.

Ou tout argent ou en points.

En plus clair, ce serait les produits Hauts de gamme au niveau des points qui financeraient les produits bas de gamme.

Tout en sachant que les prix ne changeront pas et que l'argent sera toujours disponible pour faire ses courses, le client aura toujours la possibilité de choisir de régler en points, mixtes points et argent, argent en fonction de la manière dont il veut régler les produits qu'il achète.

Ceci permettra aussi d'être une solution pour le pouvoir d'achat des retraités qui est fortement mis en péril, car on pourrait considérer que plus on atteint un certain âge plus on a le droit à un plus grand nombre de points.

Il pourrait aussi être possible de rembourser seulement les nutriments français.

Pour obtenir une carte, il faudra une empreinte digitale et une photo.

La donation des points mensuels devra se faire dans un endroit prévu à cet effet. Les points seront délivrés sous forme de carte magnétique pouvant être lue chez les commerçant et les restaurateurs partenaires qui grâce à ce système verront leurs consommations augmenter.Les points récoltés dans les commerce ne pourront être échangés que dans un guichet à cet effet par les commerçants.

Il suffit d'une reconnaissance de l'état considérant ces points comme monnaie d'échange ou d'un partenariat SSAP et Commerçants régi par une association.

Les chiffres ne sont pas encore déterminés, mais j'invite les chercheurs mathématiciens et les politiques à se pencher dessus pour que le système soit rentable où d'un moindre coût.

Nous avons donc finalement deux solutions, soit faire une loi qui pourrait par exemple s'appeler Coluche2, qui serait présentée au Sénat et à l'Assemblée Nationale, soit créer une association à cet effet.

L'association pourra au début se financer par des dons gouvernementaux ou non et ensuite elle s'autofinancera.

Et pour finir afin d'éviter une hausse des prix des loisirs pourquoi ne pas créer aussi une carte loisirs...

Milan Lévêque.